懐かしい「昭和の時代」にタイムトリップ！

昭和40年代
北海道の鉄路

【下巻】根室本線・石北本線・釧網本線と沿線

写真：高木堯男　　解説：牧野和人

オホーツク海にほど近い小駅では、C58牽引の普通列車が強くなる風雪に耐えて発車時刻を待っていた。雪が積もったホームには郵便荷物車から出された荷物が置かれていた。◎釧網本線　浜小清水　1974（昭和49）年2月10日

.....Contents

荷物列車が編成の主体となった旅客列車を牽引してC58が湿原の中を進む。凍てついた水面は写真左手の厚岸湖へ続いている。快晴無風の朝。機関車から小気味良く吐き出された煙は、雄大な曲線を描く線路の上にいつまでもその形を留めていた。
◎根室本線　厚岸〜糸魚沢　1973（昭和48）年12月31日

根室本線、富良野線、白糠線、根北線の時刻表（昭和43年10月改正）

根室本線（下）富良野線・根北線

根室本線（下）富良野線・白糠線

旭川—滝川—富良野—帯広—釧路—根室（根室本線・下り）

旭川—美瑛—富良野（富良野線・下り）

白糠—上茶路—北進（白糠線・下り）

富良野—美瑛—旭川（富良野線・上り）

里—建川（根北線・上り）

ヨン・サン・トウ白紙ダイヤ改正時の根室本線の時刻表。看板列車である特急「おおぞら」は函館〜釧路間で1往復の運転。おおぞらには特急「おおとり」は函館〜網走間の特急であった「おおとり」は、滝川で切り離しが編成が釧路まで1往復していた。本改正で根室本線系統の急行列車は夜行列車を含めて称号が「狩勝」に統一された。しかし、支線から乗り入れる列車や末端区間の釧路〜根室間で運転される急行には別の愛称が残された。

第1章

根室本線と沿線

根室本線、士幌線、広尾線
池北線、白糠線

町の特産品であるカキの養殖筏が散見される厚岸湖に沿って進んだ下り列車は、チライカリベツ川の周辺に広がる別寒辺牛湿原へ出る。寒気の中で線路周辺の水辺は氷結し始めていた。短い橋梁を渡ると、湿原の中を横断する低い築堤が遥か前方の森影まで続く。◎根室本線　厚岸～糸魚沢　1973（昭和48）年12月31日

落合は根室本線で最大の難所である狩勝峠の富良野側にある麓
駅だ。低い陽光が照らし出す構内には峠越えの補機となる機関車
が停まっていた。吐き出される白煙は、これから始まる重労働を
前に息を整えているかのような表情を見せていた。
◎根室本線　落合　1964（昭和39）年1月1日

付近を流れる空知川から砂金が採取されたことが地名となった金山。元旦のホームに下り列車が到着した。狭窓を連ねた戦前派の客車が遠い日の汽車旅へ想いを馳せさせる。デッキ部分は暖房が効かず、吹き付ける雪で真っ白になっていた。
◎根室本線　金山　1964（昭和39）年1月1日

停車したホームの反対側には貨物列車が待避していた。金山森林鉄道の起点でもあった金山駅では盛んに貨物の授受が行われていた。森林鉄道は1958（昭和33）年。当駅での貨物、荷物扱いは業務の縮小が進められた1982（昭和57）年に廃止された。
◎根室本線　金山　1964（昭和39）年1月1日

狩勝信号場から新内へは急勾配を駆け下りる。しかし途中にはオメガカーブ状の急曲線区間が控え、ブレーキ操作等に慎重を期す、登坂とは異なる運転技術が必要であった。巻き上げた雪がロッド類を白く染めて、下り坂の苦行を窺わせていた。
◎根室本線　新内　1964（昭和39）年1月1日

新内駅に停車する釧路行きの客車列車。小休止する機関車の背景を、今し方越えて来た狩勝峠の稜線が飾る。国道38号線の南側に建設された旧線における最も海抜が高い区間は、現在の狩勝峠を越える鉄路よりも約85m高い位置を通っていた。
◎根室本線　新内　1964（昭和39）年1月1日

釧路から乗った急行列車は周囲を緑に囲まれた信号場で停車した。間もなく反対側から「おおぞら」のヘッドサインを掲出したキハ82が顔を見せた。馬主峠に設置された古瀬信号場は旧国鉄民営化時の1987（昭和62）年に駅へ昇格した。しかし利用者の減少に伴い2020年3月14日を以って廃止された。◎根室本線　古瀬（信）　1964（昭和39）年9月2日　撮影：荻原二郎

狩勝峠を目指してキハ82系の特急「おおぞら」がホームを離れて行った。グリーン車、食堂車を含む9両の堂々たる編成だ。ホームには乗車口の案内札が立ち並び、在来線特急華やかりし時代の末期を飾っていた。多くの優等列車で廃止、編成の見直し等が実施された57,11ダイヤ改正はこの撮影から3か月後のことだった。◎根室本線　新得　1982（昭和57）年8月25日　撮影：荻原二郎

北海道を横断する特急として「おおぞら」「おおとり」が運転を開始した後も、根室本線で優等列車の主力は急行だった。「阿寒」等、滝川〜根室間を走破する列車があった一方で、「十勝」「ぬさまい」等、帯広を起点終点とする列車が多数設定されていた。
◎根室本線　帯広　1964（昭和39）年9月2日　撮影：荻原二郎

オートバイや自家用車に乗った旅人が、たむろする夏休み期間中の白糠駅前。駅の近くを根室本線と同様に滝川と釧路を結ぶ国道38号線が通る。道の駅等の駐車施設が少なかった時代には、水回り施設がある鉄道駅は自動車の利用者にも拠り所だった。コンクリート造りの駅舎は1969（昭和44）年に建て替えられた。◎根室本線　白糠　1982（昭和57）年8月25日　撮影：荻原二郎

十勝岳山麓の盆地で中心地となっている富良野。鉄道駅では根室本線と富良野線が出会う。木造駅舎の出入り口付近には個性的なかたちの庇を支える柱が目に付く。晩夏の撮影だが駅前を歩く人にはスーツや学生服等、長袖の服装を着た姿が目立っていた。
◎根室本線、富良野線　富良野　1964（昭和39）年9月1日　撮影：荻原二郎

最後部の客車から前方を望む。山中に延びる線路の行方は牽引する機関車の先にあって見通し辛い。列車は峠を下る途中で新内駅手前の急曲線区間に差し掛かったようだ。前方には積雪した山が立ちはだかる。白い斜面からは線路が左右にうねる絶景見ることができるのだろう。◎根室本線　狩勝(信)～新内　1964(昭和39)年1月1日

機関車越しに留め置かれた貨車が見える。西庶路駅へは白糠町内にあった明治鉱業庶路炭鉱から2.2kmの専用線が延びていた。鉱山は1939（昭和14）年に開坑。1963（昭和38）年には35.8万tの最大出炭量を記録したが、かつて坑内で生じたガス爆発事故等が問題となり翌年に閉山した。◎根室本線　西庶路　1964（昭和39）年1月1日

根室本線の東部では大正生まれの本線用貨物機D50に従台車を二軸のものに振り替える等の改造を施したD60を、昭和30年代から40年代初頭にかけて主力機として充当した。最盛期には池田機関区に16両が配置されていた。写真の71号機は1965（昭和40）年まで同区に在籍した。◎根室本線　西庶路　1964（昭和39）年1月1日

十勝地方の中核都市として発展した帯広市。市街地に建つ帯広駅の
駅舎は木造時代から街の玄関口らしい重厚な雰囲気を湛えていた。
押し並べて寒冷、乾燥した気候の当地だが、初夏の日差しが降り注ぐ
中で建物の扉や窓はほとんどが開け放たれていた。
◎根室本線　帯広駅　1961（昭和36）年6月6日　撮影：荻原二郎

町営でブドウ栽培、ワインの醸造を行う池田町は十勝平野の南端部に位置する。鉄道駅は帯広駅に次ぐ地域の拠点だ。客車列車と交換する気動車は急行「阿寒」。根室と函館を結ぶ北海道横断列車だった。朝、根室を出た列車は函館へ22時30分に到着した。
◎根室本線　池田　1964（昭和39）年1月1日

特急「おおぞら」が3番線で発車時刻を待つ中、隣ホームの5番線から東へ向かう普通列車が発車した。釧網本線の終点は一駅先の東釧路だが、定期列車は全て釧路駅まで乗り入れていた。その多くは根室本線と同様、C58が牽引する客車列車だった。
◎根室本線　釧路　1971（昭和46）年10月13日　撮影：荻原俊夫

臨港部の浜厚岸駅まで貨物支線が延びていた厚岸駅。鉄筋コンクリート造りの駅舎は1965（昭和40）年に建てられた。現在まで釧路～根室間で唯一の有人駅である。北海道内では比較的温暖な土地柄か、出入り口は二重扉になっていない様子だ。
◎根室本線　厚岸　1971（昭和46）年10月13日　撮影：荻原俊夫

仮駅舎だった頃の釧路駅舎。隣接して駅ビルの建設が進んでいるようだ。壁には新駅舎の建設が始まる旨を記した告知板が掲出されていた。新駅舎は1961（昭和36）年8月1日に供与を開始した。続いて地下に出店した百貨店等が9月8日に開店した。◎根室本線　釧路　1961（昭和36）年6月6日　撮影：荻原二郎

駅は地元住民にとって憩いの場であり情報収集の場だった。駅前には近隣の景勝地である風連湖の立札。「根室市開基100年」を告げる看板が掲げられていた。また駅舎には訪れた年の夏に札幌で開催された「北海道大博覧会」の広告看板が未だ立て掛けられていた。構内に見えるC11は標津線用だ。◎根室本線　厚床　1968（昭和43）年10月13日　撮影：荻原俊夫

客車を気動車化改造したキハ08がキハ22を伴い3両編成で駅に到着した。根室本線の末端部で出会った希少車両は重たい車体に既存の機関を組み合わせたために非力さが弱点となった。先に登場していた近代型気動車を増強剤的に連結して運転することがあった。
◎根室本線　厚床　1968(昭和43)年8月9日　撮影：荻原俊夫

客車改造気動車の初代キハ40、45形。寒冷地仕様車のオハ62を改造
した両運転台車がキハ40。オハフ62が種車となった片運転台車がキ
ハ45である。昭和30年代の半ばに旧国鉄苗穂工場で製造された。根
室本線の末端区間に投入されてから、未だ数年を経た頃の姿である。
◎根室本線　厚床　1964(昭和39)年1月2日

釧路行きの列車が到着。ホームに降りた乗客は一様に渡り板が置かれただけの簡素な構内踏切を渡って駅舎が隣接する1番ホームへ歩いて行った。気動車が停車する島式ホームには標津線方面と記された小さな案内板があり、乗換えの方向を示唆していた。
◎根室本線　厚床　1964(昭和39)年1月2日

根室本線の終点は路線名と同じ根
室駅。太平洋沿岸から根室半島へ延
びてきた線路は、半島の北岸部に広
がる根室の市街地へ回り込んで轍を
止める。ホームに停まる気動車は準
急「第1ノサップ」。根室〜釧路間の
運転で下り列車は9時前に根室駅へ
到着した。◎根室本線　根室　1964
（昭和39）年1月2日

下り準急「第1ノサップ」は厚床で6分
間の停車。ホームへ下りて車体に吊り
下げられた列車表示板を見る。行先と
列車の種別が1枚の板に併記されてい
た。車両は量産された耐寒仕様の普
通形気動車キハ22の先代に当たるキ
ハ21が用いられていた。◎根室本線
厚床　1964（昭和39）年1月2日

厚床の学校へ通う中学生に通学の便を図るべく、通学時間帯に初田牛駅を通る貨物列車を停車させて、生徒たちを1駅間のみ車掌車に乗せて運んだ。保護者が根室市の教育委員会に要望し、旧国鉄との折衝で実現した粋な計らいだった。
◎根室本線　初田牛　1972（昭和47）年4月1日　提供：朝日新聞社

普通列車の設定が無かった朝の時間帯に中学生たちを運んだ貨物列車。車掌車の中ではだるまストーブが赤々と燃えていた。新年度に入っても北海道東端の地域では未だ寒さが厳しい。毎朝、駅までやって来る女子生徒の多くは長いズボンを着用していた。
◎根室本線　初田牛〜厚床　1972（昭和47）年4月1日　提供：朝日新聞社

帯広市の北方に位置する士幌町。士幌駅は士幌線で帯広から約
30km離れていた。沿線では人口が多い地域であり、鉄道駅は周
辺で収穫される農産物を出荷する拠点になっていた。駅から近
隣にあった農協施設まで専用線が2本延びていた。
◎士幌線　士幌　1964（昭和39）年9月2日　撮影：荻原二郎

気動車の側面には士幌線の全区間を運転することを示す、「帯広⇔十勝三股」と記載された行先表示板が掲げられていた。当時は朝と夜間に設定されていた帯広～上士幌間の区間列車2往復を除く列車が帯広～十勝三股間で運転されていた。◎士幌線　士幌　1964（昭和39）年9月2日

士幌線の開業時には木材の積み出し基地であった糠平駅。ホームの壁面はコンクリート製で、ダム建設により1955（昭和30）年に当地へ移転した、比較的新しい施設であることを窺わせる。タブレットキャリアを携え、列車を出迎えた駅長氏はボウタイを結び、白い手袋を差したおしゃれないで立ちだった。◎士幌線　糠平　1970（昭和45）年8月1日　撮影：荻原俊夫

発電用のダムがつくり出した糠平湖。うっそうとした森の中に佇む人造湖から流れ出す糠平川の畔に士幌線の糠平駅があった。付近には湖や温泉があり、行楽期等には遠方からの観光客で賑わうこともあった。駅舎は壁面の一部が石積み調で、少々観光地らしい設えだった。◎士幌線　糠平　1970（昭和45）年8月2日　撮影：荻原俊夫

士幌線の終点十勝三股駅。周辺の山林から
切り出される木材等を始めとした貨物輸送
の拠点だった。林業の衰退と共に旅客利用
者も減少の一途を辿り、1978（昭和53）年よ
り糠平～当駅間がバス代行輸送に切り替え
られた。代替輸送にはマイクロバスや中型タ
クシーが用いられた。◎士幌線　十勝三股
1964（昭和39）年9月2日　撮影：荻原二郎

士幌線の終点十勝三股駅。昭和30年代まで
音更本流森林鉄道が隣接し、木材の集積地と
なっていたために広い構内を備えていた。単
行で発車時刻を待つのは一般型気動車のキ
ハ22。急行型気動車が不足気味であった頃
には急行運用に入る機会も多く、運転席扉の
横に北海道型の通票授受器を装備している。
◎士幌線　十勝三股　1968（昭和43）年8
月7日　撮影：荻原俊夫

帯広から日勝半島の東岸側を南へ延びていた広尾線。旅客列車には昭和30年代より気動車が導入された。ホームで乗客を待つのは動力近代化初期に登場したキハ12。終点の広尾は国が定めた重要港湾の一つに数えられる十勝港を抱える漁業の町だ。
◎広尾線　広尾　1961（昭和36）年6月6日　撮影：荻原二郎

旧書体で縦書きされた駅名板が出入り口付近を飾る広尾線の広尾駅舎。壁面や窓枠は木製ながら、日本瓦とは異なる形状の建築材料で葺かれた急傾斜の屋根を備える姿は西洋の役所等を連想させる。この駅舎は1977（昭和52）年に改築され、より個性的なかたちになった。◎広尾線　広尾
1961（昭和36）年6月6日　撮影：荻原二郎

広尾線の行先表示板を掲出したキハ12。車体側面のウインドウシルと木製の窓枠が、近代化初期の車両であることを窺わせる。本形式は二重窓の採用等、先行して北海道に配置されたキハ11 100番台車の耐寒性能をより向上させた車両として1956（昭和31）年に22両が製造され、全車北海道で活躍した。◎広尾線　帯広　1961（昭和36）年6月6日　撮影：荻原二郎

チップ材を積み込んだと思しき無蓋貨車を連ねた貨物列車が
本別駅に停車中。当駅はかつて製紙用の材木を積み出す拠点で
あったが、昭和20年代にはその業務を終えた。また開業時の駅名
読みはアイヌ語で小さい川を意味する「ポンペツ」に由来する「ぽ
んべつ」で、1961（昭和36）年に「ほんべつ」と読みを改めた。
◎池北線　本別　撮影：1969（昭和44）年8月1日

第二次世界大戦前まで中川郡本別町内にあった日本陸軍の施設、軍馬補充部十勝支部の最寄り駅であった上利別。皇族、軍幹部が駅を利用する機会に備えて、構内規模の割に大柄な駅舎が昭和期に入って建てられた。また駅前の道路も自動車が乗り付け易いように幅を広く取られていた。◎池北線　上利別　1977(昭和52)年9月24日　撮影：荻原二郎

周囲を山に囲まれた盆地故に昼夜の寒暖差が激しい陸別町。冬季の平均気温は氷点下10℃を下回り、「日本一寒い町」とも称される。町内北部で訓子府町との境界付近となる利別上川地区に地北線の小利別駅があった。旅客駅としては千鳥状に配置されたホームを備えるばかりの小規模な施設だったが、構内には地域の特産品である木材を貨車に積み込むための側線、貯木場があった。
◎池北線　小利別　1977(昭和52)年9月24日　撮影：荻原二郎

根室本線の白糠駅から分かれて北部の山間部へ線路が延びていた白糠線。末期の運転本数は1日3往復で、朝の時間帯に釧路から送り込まれた気動車が線内を往復する車両運用だった。運転間隔6時間余りも空く昼下がり、今日の列車を受け持つキハ22が側線で休んでいた。◎白糠線　白糠　1982(昭和57)年8月25日　撮影：荻原二郎

蛇行する茶路川の流れに沿って敷かれていた白糠線。白糠から30kmほど進んだ先に置かれた終点北進は1972(昭和47)年の開業当初からの無人駅だった。ホーム1面1線の棒線駅で、ホームを下りた先に傾斜屋根を持つ小さな待合室があった。路線の廃止は開業から僅か11年後の1983(昭和58)年10月23日だった。◎白糠線　北進　1982(昭和57)年8月25日

終点の北進駅。白糠線は1964（昭和39）年10月7日に白糠〜上茶路間の25.2km区間が開業。それから8年余りの歳月を経て上茶路〜北進間が1972（昭和47）年9月8日に延伸開業した。延伸区間では旅客営業のみが行われた。
◎白糠線　北進　1982（昭和57）年8月25日　撮影：荻原二郎

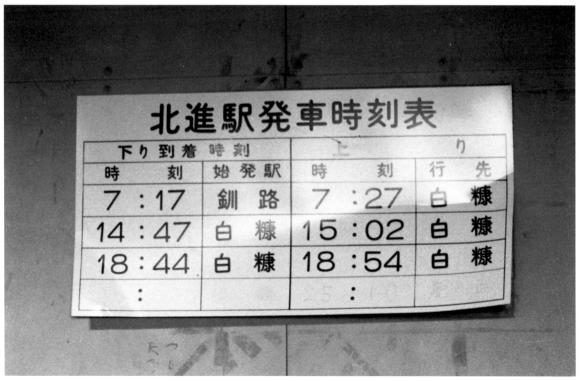

終着駅に設置された時刻表らしく、当駅着の列車の備考欄には始発駅が記載されていた。3往復ある列車のうち、下りの1番列車は釧路発で上りの最終列車は白糠行きだ。白糠で1日の仕業を終えた車両は根室本線の列車に併結されるか、回送列車となって釧路へ帰るのだろう。◎白糠線　北進　1982（昭和57）年8月25日　撮影：荻原二郎

石北本線の時刻表 （昭和43年10月改正）

旭 川 ― 遠 軽 ― 北 見 ― 網 走

1968（昭和43）年10月1日ダイヤ改正時の石北本線等の時刻表。特急「おおとり」「オホーツク」は1往復ずつの運転である。下り列車は午前中に、上り列車は午後、運転時間帯が偏っており、昼間の「大雪」が主力になっていた。当時の「大雪」には網走から釧網本線に乗り入れて乗り入れる列車や、函館、小樽を始発終点とする便があった。

第2章
石北本線と沿線
石北本線、相生線

北見市郊外の朝。夏の日の出は早く、すっかり高くなった陽光が濃い緑色に染まった水田を照らし出していた。通勤通学の足となる
客車列車は札幌発の夜行急行「大雪6号」用である。C58が吐き出す迫力あるかたちをした煙が、田畑に影を落として行った。
◎石北本線　端野1974 (昭和49) 年8月9日

北海道の中央部に位置する旭川市の鉄道玄関口である旭川駅は石北、宗谷本線、富良野線へ向かう貨物列車の拠点であった。構内では貨車の先頭に立つ蒸気機関車の姿を見ることができた。普段は機関車の後ろに貨車を何両も連結していたが、大晦日の相棒は車掌車1両だった。◎旭川　1968（昭和43）年12月31日

寒気に包まれた朝。蒸気を燻らせながら旭川駅に到着した524列車。旭川口の上り1番列車として上川を6時20分に発車し、終点の到着時刻は通勤時間帯に差し掛かった7時44分。旧型客車を連ねた編成を旭川機関区所属のD51が牽引していた。
◎旭川　1970（昭和46）年1月1日

天塩山地と大雪山系の狭間に位置する北見峠は豪雪に見舞われることが多い地域だ。山越え途中のD51は、前端部に雪の塊りを載せて来た。行く手を示す二条のレールさえも見えなくなる中で、雪は容赦なく降り続いた。
◎石北本線　上越　1970（昭和45）年2月10日

上川との間に立ちはだかる上越の山路を抜けて白滝に到着した下り貨物列車。小休止の後、湧別川の谷に沿って地域鉄道の拠点駅であった遠軽までの仕業に就く。沿線には雪の綿帽子を被った木々で蔽われた森林がどこまでも続いていた。
◎石北本線　白滝　1968（昭和43）年12月31日

人気のないホームに通票の授受器だけが個性的な影を浮かび上が
らせていた。人煙稀な北見峠を越える区間には天幕、中越、上越、奥白
滝、上白滝と5つの駅が設置されていた。いずれも乗降客は極めて少
なく、列車交換等を行う信号場としての性格が強い施設だった。
◎石北本線　上越　1970(昭和45)年2月10日

石北本線で未だ蒸気機関車が活躍していた頃の遠軽駅。駅前広場
は現在の様子よりも駅構内との段差が小さく嵩高になっている。
木造駅舎は撮影当時から半世紀を経た今日も健在。壁面には万
国博覧会に関連する切符の広告が時代を反映するかのように掲
げられていた。
◎石北本線　遠軽　1970（昭和45）年8月5日　撮影：荻原俊夫

中線に貨物列車が入って来た。盛夏の折、牽引機のD51はスノープラウを取り外した身軽ないで立ちだ。石北本線に対してスイッチバック構造の線路配置となっている遠軽では、列車の後部に機関車が付け替えられる。また当駅で貨車の増結、切り離しを行う列車もあった。◎石北本線　遠軽　1970（昭和45）年8月5日　撮影：荻原俊夫

木材輸送等の中継地であり、常紋峠の麓にあって補機の基地だった生田原。しかし鉄道の拠点であるにも関わらず駅舎は小ぢんまり
としていた。駅前から国道へ通じる道は舗装されているものの、駅前広場は未舗装のままであった。中程には街灯と植え込みがあり、
ささやかなロータリーになっている。◎石北本線　生田原　1970（昭和45）年8月6日　撮影：荻原俊夫

機関車に石炭を積み込む大型施設であるガント
リークレーンが置かれ、活況を呈していた頃の遠
軽機関区。大正時代に製造された貨物用機関車の
9600は、名寄本線と当路線から分岐する支線の
貨物列車牽引や石北本線の補機仕業等に充てられ
た。最盛期には10両以上が当区の配置だった。
◎石北本線　遠軽　1969（昭和44）年8月1日

下り貨物列車と交換する小樽行きの522列車。早朝に網走を発車した旧型客車の編成は旭川へ13時43分に到着。約1時間停車した後に同じ列車番号で函館本線へ乗り入れていた。終点小樽の到着時刻は19時9分だった。◎石北本線　留辺蘂　1969（昭和44）年1月1日

山中の入植地として拓かれた白滝村の鉄
道駅である白滝に停車する客車列車。旭川
行きの528列車である。機関車の次位に2
両の荷物、郵便車を連結していた。雪は例年
11月下旬から降り始めるが、年末を迎えた
構内の積もり具合は未だ浅い。◎石北本線
白滝　1968（昭和43）年12月31日

先頭に立つD51が段々状の煙を噴き上げて勇ましく駅を発車する列車は急行「大雪6号」。札幌と北見を結ぶ夜行急行には当時、上下列車共に6号の称号が付いていた。下り列車のは遠軽に未明の4時9分着で4時20分の発時刻。日の出が早い北海道の夏でこそ、「走り」を撮影できる列車だった。
◎石北本線　遠軽　1969（昭和44）年8月1日

貨物列車が積雪で真っ白になった構内で待機していた。先頭に立つ機関車は69625号機。1922（大正11）年に河崎造船所兵庫で製造され名寄機関庫（後の名寄機関区）、遠軽機関区に所属して生涯のほとんどを道北、道東地区で過ごした。
◎石北本線　遠軽　1970（昭和45）年2月10日

扇形庫が建つ広大な構内に造られた遠軽機関区だったが、仕業が重なるような時間帯によっては出発線や留置線に機関車が数両連なって留め置かれることがあった。また庫では機関車ばかりでなく気動車が休む光景を見ることができた。画面奥の扇形庫には機械式気動車のキハ07が見える。◎石北本線　遠軽　1969（昭和44）年8月1日

願望岩が大きくせり出した絶壁の麓近くにある遠軽駅。構内の東側が駅前広場より商店街が続く市街地の様相を呈していたのに対して、西側は低山の斜面が迫る鬱蒼とした林であった。山脇に機関区や保線施設等の詰所が建ち並んでいた。
◎石北本線　遠軽　1970(昭和45)年2月10日

石北本線と名寄本線が出合う遠軽駅は地域輸送の拠点であった
駅に隣接して機関区が置かれ、たくさんの蒸気機関車が配置され
ていた。転車台やその周りを囲むように建てられた扇形庫はホー
ムから垣間見ることができた。
◎石北本線　遠軽1970（昭和45）年2月10日

転車台に乗って方向転換を行うD51 678号機。昭和30年から
40年代半ばにかけて遠軽機関区に所属し、主に石北本線の仕業
に従事した。1969(昭和44)年に小樽築港機関区へ転出したた
め、常紋越え等の姿を収めた写真は蒸機末期まで同区に所属した
機関車と比べて少ない。
◎石北本線　遠軽　1969(昭和44)年8月1日

畑作、林業で栄えた生田原町（現・遠軽町生田原）。家屋が集まる市街地に設置された生田原駅は農産物、木材の積み出しが行われ幾条もの側線があった。駅舎に隣接した貨物用のホームには上屋が建っていた。その中には貨物を束ねるムシロのようなものが置かれている。
◎石北本線　生田原　1970（昭和45）年8月6日　撮影：荻原俊夫

一本の支柱に二つの腕木を備える信号機。上部の腕木は斜め下の位置で列車の進行を指示していた。上り列車は信号場内に入っても力行が続く。本線上を行くD51が噴き上げる煙は風に舞い、交換する貨物列車の後部補機である9600を燻した。
◎石北本線　常紋（信）　1969（昭和44）年8月1日

正面に見える常紋トンネルへ向かって動き始めたD51。煙とドレインが豪快に吐き出された。蒸気の造形は乾いた寒気の中でこそ見ることができるもの。際限なく湧き出すかのような真っ白い渦はひと時、周囲一面を霧の中に閉じ込めてしまった。
◎石北本線　常紋（信）1969（昭和44）年1月1日

客車列車を牽引するD51は金華からの続いた急曲線、急勾配区間を走り抜き、山中の信号場で息を整えていた。後に続く客車から
暖房用の蒸気が漏れ出して寒気に舞う。線路周りの雪は凍てつき、近隣の市街地等よりも一層厳しい冬の環境を物語っていた。
◎石北本線　常紋（信）1969（昭和44）年1月1日

むせ返るような深緑の中、急勾配と急曲線が連続する常紋峠を上る。本務機D51の前補機を務めるのは遠軽機関区所属の9600。
暑い山路を燻すかのように盛大に煙を噴き上げて行った。運転台の中では汗まみれの投炭作業が続いているに違いあるまい。
◎石北本線　生田原～常紋（信）　1969（昭和44）年8月1日

常紋峠を越える普通客車列車は気動車が台頭した後も1日数往復の便が残っていた。貨物列車と同様に遠軽機関区所属のD51が牽引に当たった。金華側からも常紋信号場に向かって急勾配が続くものの貨物列車に比べて荷が軽いのか、または気温が高いからなのか機関車から吐き出される煙は難所の煙としては控えめだった。◎石北本線　金華〜常紋（信）　1969（昭和44）年8月1日

構内で人の歩み程にまで速度を落とした上り貨物列車が引き上げ線に入った。最後尾には9600が補機として連結されていた。常紋越えの貨物列車を牽引する機関車の連結位置には重連の形態となる前補機と、編成の前後に機関車を連結した後部補機があった。
◎石北本線　常紋（信）　1969（昭和44）年8月1日

信号場に停車する貨物列車。牽引機のD51
859号機は番号板の上に副灯を装備していた。
線路の傍らに建つ信号機の腕木は横位置に掲
げられて列車の停止を指示している。スイッチ
バック形状の構内には数本の信号機が建ち、煤
けた線路端に彩りを添えていた。◎石北本線
常紋（信）　1969（昭和44）年8月1日

網走行きの混合列車が本線を絶気でゆっくりと下って行った。本屋付近には生田原方から補機を務めて来た9600が切り離されて
白煙を上げている。信号場は常紋峠の頂上付近にあり、補機仕業の効率化を図るべく当所で機関車を切り離す列車があった。
◎石北本線　常紋（信）　1969（昭和44）年8月1日

待避する上り客車列車を横目に見て、下り貨物列車が信号場を通
過して行った。北見峠、常紋峠等の山間部に敷設された石北本線
で、普通列車や貨物列車は所要時間をゆったりと取られているも
のが多く、旅客列車が貨物列車を待避するスジがあった。
◎石北本線　常紋（信）　1969（昭和44）年8月1日

山の天気は急変し易い。両線から湧き
出した積雲が見る見るうちに空高く伸
びて、正午過ぎに信号場へ雨をもたらし
た。2条のレールは鈍く光り、トンネルを
抜けて来た527列車が通過する。待避線
では貨物列車の先頭に立つD51が車体
を濡らして停車していた。◎石北本線
常紋（信）　1969（昭和44）年8月1日

長駆函館本線の小樽まで運転する522列車がD51に牽引されて急坂を上って来た。客車と荷物車を2両ずつ連結した身軽な編成だが、機関車は後部の視界をかき消すほど盛大に煙を上げる。線路端に咲く草花が短い北国の夏を飾っていた。
◎石北本線　金華〜常紋（信）　1969（7昭和44）年8月1日

9600の重連が牽引する混合列車が信号場へ入って行った。機関車の次位に連結された無蓋車には北見地域の産物である木材が原木のような姿で積まれていた。貨車側面の黄色い帯は最高時速65km以下で運転することを示す。また北海道内でのみ運用する車両であることを示す「道外禁止」の記載がある。◎石北本線　常紋（信）　1969（昭和44）年8月

峠を上って来た貨物列車の先頭に立つのはD51　7号機。ボイラー上のドームが煙突と一体化した初期型である。1936（昭和11）年製の同機は小樽築港機関庫（後の小樽築港機関区）に新製配置されて以来、終始北海道で活躍。昭和30年代から40年代前半を北見機関区で過ごした。◎石北本線　金華〜常紋（信）　1969（昭和44）年8月1日

山間の静寂を打ち破って汽笛がこだましてからかなり時間が経ったものの、列車は一向に姿を見せる気配がなかった。ようやく稜線の向うに煙が立ち上り、さらにしばらくの間があって後部補機を連結した貨物列車が現れた。ゆったりとしたS字状の曲線を二条の煙がなぞって行った。
◎石北本線　金華〜常紋(信)　1969(昭和44)年8月1日

昭和50年代の北見駅。昭和30年代には未舗装だった駅前広場は舗装され、一部に車道と歩道を仕切るコの字型の杭が立っている。
屋根に小さな時計台が飾られた木造駅舎は1983（昭和58）年まで使用された。駅名が切り抜き文字で出入り口上に掲げられていた。◎石北本線　北見　1977（昭和52）年9月24日

鉄道愛好家にはお馴染みの常紋峠を越える国道242号と、景勝地層雲峡を通る国道38号が交差する留辺蘂町。鉄道駅前には 路線
バスも発着する。「るべしべ」の語源は、「越え下って行く道」を意味するアイヌ語の「ルペシペ」が訛ったものといわれる。
◎石北本線　留辺蘂　1968（昭和43）年8月11日

札幌から夜を徹して雪の山路を走り抜けて来た急行「大雪6号」は、北見で優等列車としての運用を終える。しかし列車に用いられた編成はそのまま網走まで、普通列車として運転されていた。1975（昭和50）年の春まで寝台車、二等座席車を含む長編成の先頭に蒸気機関車が立った。◎石北本線　美幌　1975（昭和50）年1月1日

常紋峠を越えて来た客車列車がゆったりとした広さの駅構内に入線する。8月とはいえ、厚い雲に被われた北の地は肌寒い空気に包まれているのだろうか。機関車は安全弁等から白い蒸気を吐き出す。側線では補機仕業に就く9600が、次の上り貨物列車を待っていた。
◎石北本線　留辺蘂　1968（昭和43）年8月11日　撮影：荻原俊夫

旭川～網走、釧路間を結ぶ急行であった頃の昼行「大雪」。通常は急行型気動車のキハ56、27、キロ26で編成された列車だった。連休期間中で増結されたのだろうか。または支線へ向かう列車の回送か。キハ22を先頭にした下り列車が北見駅の1番線に入って来た。
◎石北本線　北見　1977（昭和52）年9月24日　撮影：荻原二郎

汽車の煙が夜空を焦がす。しんしんと冷え込み始めた山麓駅にC58の重連が牽引する客車列車が停車した。機関士氏は当然とばかりに停止表示の位置へ前端部をぴたりと寄せた。今宵の牽引機は戦時設計車の418号機と旧国鉄のJNRマークをあしらった切り取り型の除煙板で人気を博した33号機だ。
◎石北本線　美幌　撮影：1975（昭和45）年1月2日

深い切妻屋根を備えていた木造時代の美幌駅舎。ホーム側と素通し
になった部分の内部にはラッチが見える。出入り口付近に置かれた
電話ボックスも木製だ。車寄せにはボンネットバスが待機する。行先
は「市内」と表示されていた。北見方面へ向かう路線バスだろうか。
◎石北本線　美幌　1962（昭和37）年8月25日　撮影：荻原二郎

運転を終えた混合列車が留置線で入れ替え作業を行っていた。客車は明日の仕業に備え機関車に牽かれて留置線へ入る。一方、切り離された貨車は貨物支線を通って1.3km離れた浜網走駅へ運ばれる。浜網走駅は最初に網走駅が開業した場所にあった貨物駅だった。
◎石北本線　網走　1975（昭和50）年1月1日

特急「オホーツク」が停まるホーム横の留置線
で蒸気を上げて次の仕業に備えるC58。石北
本線の終点、釧網本線の起点である網走駅だ
が、機関区等の大規模な車両基地は設置され
なかった。しかし構内の東側に機関車が駐泊
するための庫があり、転車台等の施設も設置
されていた。◎石北本線　網走　1975（昭和
50）年1月1日

網走はオホーツク海沿岸の東部に位置する主要都市。閑散と
した駅のホームで急行列車が発車を待っていた。昭和40年
代半ばまでの石北本線で優等列車の主力であったのは急行。
特急は「おおとり」1往復のみで「大雪」や、旭川〜網走間を名
寄本線経由で結んでいた急行「オホーツク」等があった。
◎石北本線　網走　1970（昭和45）年2月9日

駅舎に隣接する1番線で発車を待つ上り特急「オホーツク」。キハ82系気動車を用いた編成は昭和40〜50年代の姿だ。6両編成ながらグリーン車と食堂車を1両ずつ連結していた。編成の前から2両目はキロ80。3両目がキシ80である。またヘッドサイン下部にある列車名のローマ字表記は朱書きされていた。
◎石北本線　網走　1975（昭和50）年1月1日

釧路と美幌を結ぶ鉄路として計画された釧美線。大正時代に建設された美幌からの路線は網走川の谷間を40km弱南方へ進んだ相生地区で歩みを止め名称は相生線となった。鉄道と並行していた国道240号の先には釧北峠が控える。延伸部分はさらにマリモの生息地として知られる阿寒湖の近くを通って建設される予定だった。◎相生線北見相生　1970（昭和45）年8月5日
撮影：荻原俊夫

大柄なリュックサックを背負った行楽客で
賑わう終点駅。駅名は山陽本線等、他の路
線にある駅との混同を避ける意味合いか
ら、所在地の地域名を冠して「北見相生」と
した。相生線は閑散路線であったが、広い待
合室と事務室を備える駅舎があった。◎相
生線　北見相生　1970（昭和45）年8月
5日　撮影：荻原俊夫

木材が輸送する貨物の主力であった山間路線。終点駅の側線には長
物を載せる仕様の貨車が留め置かれていた。構内の外側に見える建
屋は製材所だろうか。ホームに停まる機械式気動車のキハ07と同
様、昭和30年代まで見ることができた地方路線の情景である。
◎相生線　北見相生　1964（昭和39）年9月3日　撮影：荻原二郎

釧網本線、池北線、標津線、上幌線、広尾線、相生線

釧網本線🏢・池北線🏢

釧網本線、池北線、標津線、広尾線、相生線の時刻表（昭和43年10月改正）

1968（昭和43）年10月1日ダイヤ改正時の釧網本線、池北線等。道東、道北地区の時刻表。両端部で根室本線と石北本線に繋がっている釧網本線には急行「しれとこ」、池北線には急行が設定されていた。時刻表の列車番号のみで記載されている釧網本線では客車列車が数字に該当する。それらの中には混合列車が含まれていたが、時刻表の表記には「混」等の別表記は見当たらない。

（※釧網本線・上り）

釧路—弟子屈—川湯—網走

網走—川湯—弟子屈—釧路（釧網本線・下り）

北見—陸別—池田（池北線・上り）

池田—陸別—北見（池北線・下り）

標茶—根室標津・厚床—中標津（標津線）

帯広—広尾（広尾線）

美幌—北見相生（相生線）

帯広—十勝三股（士幌線）

第3章

釧網本線と沿線

釧網本線、標津線、根北線

客車と貨車を併結した混合列車は、釧網本線で蒸気機関車が廃止された後も1984（昭和59）年まで運転されていた。客車2～3両に数両の二軸貨車を連結した長閑な姿が思い浮かぶが、C58に牽引されてやって来たのは客車と有蓋車、タンク車を4両ずつ連結し、当線の列車としては堂々たる編成だった。◎釧網本線　浜小清水　1974（昭和49）年2月9日

網走市の郊外に入り、家並が目立ち始めた丘の上で思いがけ
ず吹雪に遭った。数十m先の視界は遮られ、手前の灌木ばか
りが目立つ眺めは原野の様相を呈している。降りしきる雪で
音がかき消された中で突然、汽車の影が画面を横切った。
◎釧網本線　鱒浦〜桂台（仮）　1970（昭和45）年2月9日

釧網本線で「海に一番近い駅」と称される北浜。今季の北紀行が3月に入って最初の訪問地だったが、窓越しに見えるオホーツク海は流氷で埋め尽くされていた。駅舎の屋根には煙突が2本出て、事務室と待合室のそれぞれで暖を取れるようだ。連日晴天が続いたのか、屋根に雪は見当たらなかった。
◎釧網本線　北浜　1967(昭和42)年3月1日　撮影:荻原俊夫

藻琴まで来ればオホーツク海沿いの区間も後僅か。終点の網走までは二駅を残すだけとなる。駅の網走方で国道244号線が線路を跨いで海側へ出る。雪に埋もれた構内をC58はゆっくりとした足取りで離れた。信号機はすでに腕木式から点灯式に建て替えられていた。◎釧網本線　藻琴　1970（昭和45）年2月9日

接岸した流氷の上から陸地側を望む。線路は低い築堤上に敷設されて並行する国道を隠し、障害物が少ない画面をかたちづくった。
やがて網走方面から混合列車がやって来た。煙を上げた勇壮な機関車の影が海岸べりに残る水面へ映り込む。
◎釧網本線　藻琴～北浜　1970（昭和45）年2月9日

波や氷に洗われ、北風に削られた氷塊の断面は荒々しい表情を見せていた。流氷は風向きによって動きを変える。北風が強くなれば陸地に接岸し、南寄りの風に乗れば一夜にして沖合まで遠ざかることもある。接岸時の様子も日々異なるので蒸気機関車との邂逅場面は一期一会であった。
◎釧網本線　浜小清水〜北浜　1974（昭和49）年2月10日

オホーツク海北部で寒風に晒された海水が凍り、沿岸部へ押し寄せる流氷。網走から知床半島にかけての海岸部では、例年2月上旬頃から接岸する様子を見ることができる。大量の流氷が海を埋め尽くすと水平線の彼方まで一面の雪原が続いているかのような非日常的光景が現れる。◎釧網本線　浜小清水～北浜　1970（昭和45）年2月9日

夏は色とりどりの草花で彩られる原生花園一帯は、厳冬期になると雪で埋め尽くされる。海が開けた北方からは寒波が容赦なく雪
雲を連れて来る。冬型が強くなった日には低温と強風で晴れていても身に染みる寒さに見舞われる。
◎釧網本線　浜小清水～北浜　1970（昭和45）年2月9日

北辺でありながら普段は豪雪に見舞われることが少ないオホーツク海の沿岸部。しかし寒波が押し寄せ、低気圧が通過すると降雪を見る機会もままある。釧路へ向かう列車の先頭に立つ機関車は海岸線を通るうちに雪が付着し、真っ白な顔立ちになっていた。
◎釧網本線　浜小清水　1974（昭和49）年2月10日

網走から斜里にかけて、オホーツク海の沿岸部に線路は続く。降雪量は特別に多い地域ではないが、低気圧の通過時等には視界が効かないほどの断続的な吹雪に見舞われることがある。遅れがちの列車を待つ間に大きなラッセルヘッドを装着したモーターカーがやって来た。
◎釧網本線　止別〜浜小清水　1974（昭和49）年2月9日

ディーゼル機関車への置き換えを数か月後に控えて、DE10を定
期列車の先頭に据えた訓練運転が行われていた。次位に付くC58
の運転台にはいつも通り、前方を見据える機関士の影があった。
足回りが雪で真っ白に染まる難仕業も今季が最後だった。
◎釧網本線　止別〜浜小清水　1974（昭和49）年2月9日

斜里から網走へ向かってオホーツク海沿いの丘陵地を行く。周囲の丘へ上れば列車の背景に海を臨めるはずだが、線路際の立ち位置では視界を灌木に遮られて山間区間の風情となる。木々の間に煙が立ち上り、C58牽引の網走行きが迫って来た。
◎釧網本線　斜里〜止別　1974（昭和49）年1月3日

オホーツク海沿いの道を辿って627列車が斜里(現・知床斜里)駅に到着した。最後尾にタンク車を連結した客貨混合の編成だ。
◎釧網本線　斜里　1969(昭和44)年1月2日

構内灯が照らし出した幻想的な光景に魅せられて、駅の外れから網走行きの列車を見送った。夜の帳が降りても吹き止まない東風に乗って、寒空の中に薄いベールを広げる蒸気は列車の前方へ流れた。蒸気機関車がいる間は寒さを忘れるひと時である。
◎釧網本線　斜里　1974(昭和49)年1月1日

斜里川を渡る628列車。客車3両の短編成ながら、先頭に立つC58は駅を発車して間もない区間で白煙を豪快に吐きながらやって来た。背後には知床半島の付け根部分を飾る海別岳（1,419m）が濃い青空の下にそびえていた。
◎釧網本線　斜里〜中斜里　1969（昭和44）年1月2日

広大な畑作地が広がる眺めは平坦に見えるが客車列車を
牽引するC58は力行気味で駆けて行った。列車は思いの外
速く、煙は列車へ貼りつくかのように進行方向と逆側へ低く
流れた。背景になるはずだった知床の山々は、西風が強まる
中で湧き出した雲に隠されていた。
◎釧網本線　清里町～中斜里　1974（昭和49）年1月3日

混合列車の先頭に立つC58 412号機。車体下部が船底形状の炭
水車を備える第二次世界大戦後に製造された機関車だ。前照灯の
左側に追加されたシールドビームの副灯は取り付け位置が若干個
性的。除煙板を繋いでボイラーを跨ぐツララ切りは多くの機関車
に通年取り付けられていた。
◎釧網本線　緑　1970(昭和45)年8月2日　撮影：荻原俊夫

川湯（現・川湯温泉）からトンネルへ向かってC58が力行する。煙突から吐き出された煙が背景のアサトヌプリをかき消した。列車の編成は荷物合造車を含む旧型客車3両。昭和40年代の駅周辺では視界を遮る高い木立が少なく、山を入れた横がちの構図を取り易かった。
◎釧網本線　川湯〜緑　1969（昭和44）年1月2日

駅間距離が14.5kmにおよぶ川湯～緑間。川湯方のトンネル付近を頂点とした峠越えの難所である。緑からの勾配区間では白樺林の中に急曲線が連なる。雪が降り積もった線路上には木々の影が落ちて幾何学調の模様を描き出していた。
◎釧網本線　川湯～緑　1969（昭和44）年1月2日

夕暮れに染まるホームへ網走行きの列車が入って来た。峠を行き
交う補機が常駐することのなくなった蒸気機関車現役末期の川
湯駅は、温泉街からやって来る乗客もなく静寂に包まれていた。
薄い煙がまっすぐに立ち上り、機関車の表情を優しく魅せていた。
◎釧網本線　川湯　1974(昭和49)年1月1日

元旦の釧網本線を行く旅客列車。機関車の次位に連結された郵便荷物車には年賀状がぎっしりと積み込まれているのだろう。目の前を走り去ろうとしているオハフ60の外窓は所々凍り付き、厳しい寒さを黙々と耐えているかのように映った。
◎釧網本線　川湯〜美留和　1974（昭和49）年1月1日

釧網本線随一の難所を象徴するアサトヌプリ（硫黄山512m）。今も噴気活動が盛んな活火山である。かつて起こった噴火の遺物として、鎧のようないで立ちの溶岩ドームをいくつも備える。麓にはホテル、旅館等が連なる温泉街がある。最寄り駅（川湯駅）の名称は1988（昭和63）年に川湯温泉駅と改められた。◎釧網本線　川湯～緑　1969（昭和44）年1月2日

坂道を下る二機のDE10。いずれもボン
ネット部が短い第二端を前方へ向けてい
た。昭和40年代半ばに入ると峠越えの補
機はDE10に置き換えられ、川湯、緑両駅に
あった転車台は撤去された。網走方面へ向
かう蒸気機関車牽引の列車に着く補機は
主に編成の最後部に連結された。◎釧網本
線　川湯～美留和　1974（昭和49）年1
月1日

蒸気機関車が運転される最後の年。線路沿いに続く林の中で列車を待っていると貨物列車がやって来た。牽引するのはお目当てのC58ではなくDE10の重連だった。沿線を手付かずの自然に彩られた美しい鉄路の主役が交代しようとしていた。◎釧網本線　川湯～美留和　1974（昭和49）年1月1日

客車列車には蒸気機関車が健在だった。牽引機のC58 33号機は当時釧路機関区の所属。ファンの間で話題となった切取り式序円盤と旧国鉄を指すJNRマークは、五稜郭機関区に配属されていた昭和40年代の中頃に取り付けられたといわれる。
◎釧網本線　川湯～美留和　1974（昭和49）年1月1日

貨物列車の先頭に3台のDE10が立っていた。旧国鉄時代から
釧路には大規模な工場があった。検査入場が必要となった車両
は定期列車に連結されて工場まで回送されることが少なくな
かった。また、正月で運休した列車の牽引機を別の列車で回送し
たのかも知れない。期せずして実現した三重連だったのだろう。
◎釧網本線　弟子屈　1969（昭和44）年1月2日

斜光が庫の傍らで休むタンク機を美しく照らし出していた。標茶には機関支区が置かれ、標津線用のC11、C12が配置されていた。昭和30年代末期に当区は釧路鉄道管理局の一部所という扱いになり、程なくして車両の配置はなくなった。
◎釧網本線　標茶　1971（昭和46）年10月14日　撮影：荻原俊夫

木造時代の標茶駅舎。一部が二階建てで駅務を始め、鉄道に関連する様々な部署、施設が集まった地域の要所であることを窺わせる。駅前のロータリーは未舗装で、大きな石がいくつも転がっている様は荒涼とした原野の佇まいを想わせた。
◎釧網本線　標茶駅1971（昭和46）10月14日　撮影：荻原俊夫

知床半島内の羅臼へ向かう国道334号線が町内を通る斜里。鉄道駅は市街地の北側にある。駅舎は街中に背を向けるかのように構内の海側に建つ。大柄な木造駅舎は1971（昭和46）年に鉄筋コンクリート造の建物へ改築された。さらに2007（平成19）年。町観光センターと鉄道駅の複合施設に建て替えられた。◎釧網本線　斜里　1968（昭和43）年8月10日　撮影：荻原俊夫

EXPO70の夏。大阪で開催中の万国博覧会へ誘う切符販売の看板が山麓の小駅にも立て掛けられていた。画面左手には駅舎越しに停まっている蒸気機関車の炭水車が見える。急勾配区間の麓に当たる当駅では昭和40年代の中頃まで補機の連結、切り離し作業が行われていた。◎釧網本線　緑　1970（昭和45）年8月2日　撮影：荻原俊夫

釧網本線、標津線には昭和30年代から旅客列車に気動車が投入された。釧網本線の運用は主に急行、準急であった。それに対して標津線の運用は普通列車が主体だった。但し、優等列車にキハ21、22等の一般型気動車が充当される機会が多かった。◎釧網本線　標茶　1964（昭和39）年1月2日

釧路湿原、オソツベツ原野の北部にある標茶町。広大な敷地を活用した酪農が地域産業の中心となっている町の鉄道駅を通る主要路線は釧網本線だ。また根釧台地の町を結ぶ標津線の起点でもあった。列車の到着時になると構内は賑わい、何条もの側線が敷設されて貨車が留め置かれていた。
◎釧網本線　標茶　1964（昭和39）年1月2日

細岡から茅沼の周辺にかけて鉄路は釧路湿原の中を通る。クチョロ原野とコッタロ原野を隔てる小山に造られたサルボ展望台から塘路方を望むと、湿地の畔をなぞる線路を見下ろすことができる。背景には全面凍結した塘路湖が銀盤となって広がっていた。
◎釧網本線　塘路〜茅沼　1974(昭和49)年1月1日

遮るものが少ない湿原は極寒の地だ。しか
し水辺は凍り付いているものの降雪は少な
く、森の木々や枯れた葦原は本来の色彩を
留めていた。張り詰めた寒気の中、湿地を跨
ぐように建設された低い築堤を列車は絶
気でソロソロと渡って行った。◎釧網本線
茅沼〜塘路　1969（昭和44）年1月2日

釧路湿原にあるシラルトロ湖では思いが
けず御神渡り（おみわたり）に出くわした。
御神渡りとは池、湖等で氷結した部分が膨
張してせり上がる現象だ。連続して亀裂が
入った部分はあたかも神が通った跡のよ
うに見える。冷え込みが強い地域ならでは
の景色である。◎釧網本線　茅沼〜塘路
1969（昭和44）年1月2日

湿原に敷かれた鉄路を走るC58牽引の釧路行き混合列車。背景には
クチョロ原野の枯野が彼方まで続く日本離れした眺めがある。原
野の中を曲がりくねった釧路川が流れる。蒸気機関車が活躍した最
後の冬。釧路地方では積雪が少ない比較的穏やかな日が続いた。
◎釧網本線　遠矢〜細岡　1974（昭和49）年2月8日

快走するC58を真横から捉えた。前端部を
切り取られた除煙板。長いものに交換され
た運転台前方の庇。炭水車の炭庫後部に取
り付けられた尾灯と、北国ならではの仕様
が見られる。運転台に取り付けられた通票
授受器も北海道内独自の形だ。◎釧網本線
遠矢～細岡　1974（昭和49）年2月8日

達古武沼のほど近くにある細岡駅。周辺には釧路川に沿った湿原が広がる。遠矢方には大きな曲線を描く築堤があり、列車を格好良く魅せる名舞台だった。標茶方面へ向かう列車は僅かな白煙を吐きながら足取り軽く進んで行った。◎釧網本線　遠矢〜細岡　1974（昭和49）年2月8日

標茶〜中標津〜根室標津間と厚床〜中標津間の路線を持つ標津線のうち、釧路〜標茶〜中標津間では準急「羅臼」を運転していた。
実際の運用では準急に用いられた車両が根室標津まで通して運転された。中標津以遠は普通列車扱いだった。
◎標津線　中標津　1964（昭和39）年1月2日

区間運転の終点中標津に停車したキハ05。もとは昭和初期に製造された機械式気動車、キハ41000形の機関を強力型に改造したものに換装したキハ41400形である。1957（昭和32）年に実施された形式称号の改訂でキハ05となった。
◎標津線　中標津　1964（昭和39）年1月2日

標津線の途中駅だった中標津駅。当駅より標茶、厚床、根室標津方面
の3方向に線路が延びていた。末期はいずれの区間も普通列車のみ
の運転だった。しかし1962（昭和37）年に標茶経由の準急「らうす」
が設定されて以来、準急や急行列車が昭和60年代まで運転された。
◎標津線　中標津　1964（昭和39）年9月2日　撮影：荻原二郎

道東、道北地区の末端路線には、少ない利用客に対応した大きさのレールバスが昭和30年代初頭から導入された。また並行して推進された動力近代化施策の中で不足気味であった気動車を補うべく、耐寒化改造等を施した機械式気動車を導入し、客車列車に置き換えた。
◎標津線　中標津　1964（昭和39）年9月2日　撮影：荻原二郎

根室標津の駅前風景。標津線は北海道の東端部を走る閑散路線だっ
たが、終点駅は標津町の市街地にあり地域交通の拠点だった。バス
ターミナルが駅に隣接し周辺地域へ向かうバスが運行していた。画
面手前の自動車も路線バスで車体には阿寒バスと記載されている。
◎標津線　根室標津　1964(昭和39)年9月3日　撮影:荻原二郎

ホーム2面3線を有していた厚床駅。柔らかな日差しを浴びた標津線の
列車が到着しようとしていた。ホームでは多くの利用客が列車を待って
いる様子。当時の厚床～中標津間で直通列車は1日6往復の設定だっ
た。また西別～中標津間に土休日運休で2往復の区間列車があった。
◎標津線　厚床　1964(昭和39)年1月2日

標津線の途中駅だった中標津駅。当駅より標茶、厚床、根室標津方面の三方向に線路が延びていた。末期はいずれの区間も普通列車のみの運転だった。しかし1962（昭和37）年に標茶経由の準急「らうす」が設定されて以来、準急や急行列車が昭和60年代まで運転された。◎標津線　中標津　1964（昭和39）年9月2日　撮影：荻原二郎

斜里（現・知床斜里）と斜里町東部の越川を結んでいた根北線。路線の総延長距離は12.8km。第二次世界大戦前より建設が始まったものの戦時下で工事は中断。敷設済みのレール等は撤去された。戦後に工事が再開され1957（昭和32）年に開業した。
◎根北線　越川　1964（昭和39）年9月3日　撮影：荻原二郎

終点の越川に停まる気動車には「網走行」と記された行先表示板が掛かっていた。延長距離が短く閑散路線であった根北線の列車には国鉄型レールバスのキハ03が1966（昭和41）年まで充当された。使用期間は新製から10年ほどだった。
◎根北線　越川　1964（昭和39）年9月3日　撮影：荻原二郎

着 発 時 刻 表					
下 り 方 面			上 り 方 面		
列車名	着時刻	記事 行先	列車名	発時刻	記事 行先
641	7.22	斜里	642	7.27	緑
643	10.37	緑	644	10.43	網走
647	16.07	網走	648	16.11	斜里
649	18.39	斜里	650	18.44	網走
	着 君			発	

越川駅に掲げられていた時刻表。斜里と当駅を結んでいた根北線だが1964（昭和39）年当時、4往復設定されていた列車の中で斜里始発の便は2本。斜里行きは1本であった。他の列車は釧網本線内の駅を始発終点としていた。いずれの列車も僅かな停車時間で折り返していた。◎根北線　越川　1964（昭和39）年9月3日　撮影：荻原二郎

写真：高木堯男（たかぎ たかお）

1937（昭和12）年東京生まれ。慶應義塾大学工学部卒業後、東京芝浦電機株式会社（現・株式会社東芝）に入社。入社後4年ほど、府中工場にて電気機関車等鉄道車両の試験検査に従事、その後は「縦の交通機関」である昇降機部門に移り、東芝および昇降機関係の財団法人等で昇降機の技術業務を歴任。「乗り鉄」「撮り鉄」が趣味で、機関車が牽く列車を中心に全国各地で撮影。友人・知人の鉄道写真集、鉄道博物館等への写真提供も行っている。

解説：牧野和人（まきの かずと）

1962（昭和37）年、三重県生まれ。写真家。京都工芸繊維大学卒。幼少期より鉄道の撮影に親しむ。平成13年より生業として写真撮影、執筆業に取り組み、撮影会講師等を務める。企業広告、カレンダー、時刻表、旅行誌、趣味誌等に作品を多数発表。臨場感溢れる絵づくりをもっとうに四季の移ろいを求めて全国各地へ出向いている。

【写真提供】
荻原二郎、荻原俊夫

昭和40年代 北海道の鉄路
下巻 根室本線・石北本線・釧網本線と沿線

発行日 ………………………2020年7月20日　第1刷　　※定価はカバーに表示してあります。

著者………………………高木堯男（写真）、牧野和人（解説）
発行人……………………高山和彦
発行所……………………株式会社フォト・パブリッシング
　　　　　　　　　　　　〒161-0032　東京都新宿区中落合2-12-26
　　　　　　　　　　　　TEL.03-5988-8951　FAX.03-5988-8958
発売元……………………株式会社メディアパル（共同出版者・流通責任者）
　　　　　　　　　　　　〒162-8710　東京都新宿区東五軒町6-24
　　　　　　　　　　　　TEL.03-5261-1171　FAX.03-3235-4645
デザイン・DTP ………柏倉栄治（装丁・本文とも）
印刷所……………………新星社西川印刷株式会社

ISBN978-4-8021-3169-8 C0026

本書の内容についてのお問い合わせは、上記の発行元（フォト・パブリッシング）編集部宛てのEメール（henshuubu@photo-pub.co.jp）または郵送・ファックスによる書面にてお願いいたします。